SER ADOLESCENTE NA
ERA DA INFORMAÇÃO

Dados Internacionais de Catalogação na Publicação (CIP)
(Câmara Brasileira do Livro, SP, Brasil)

Oliveira, Marizilda Escudeiro de
Ser adolescente na Era da informação /
Marizilda Escudeiro de Oliveira. — São Paulo :
Ícone, 2008. — (Coleção conhecimento e vida /
coordenação Diamantino Fernandes Trindade)

Bibliografia.
ISBN 978-85-274-0986-5

1. Adolescentes - Educação 2. Mídia e
adolescentes 3. Tecnologia da informação
4. Tecnologia e juventude I. Trindade,
Diamantino Fernandes. II. Título. III. Série.

08-03915   CDD-305.23

Índices para catálogo sistemático:

1. Adolescentes e mundo da informação :
    Sociologia   305.23

Marizilda Escudeiro de Oliveira

SER ADOLESCENTE NA ERA DA INFORMAÇÃO

**Coleção
Conhecimento e Vida**

Coordenação
Diamantino Fernandes Trindade

Ícone
editora

© Copyright 2008.
Ícone Editora Ltda.

Coleção Conhecimento e Vida

Coordenação
Diamantino Fernandes Trindade

Diagramação
Andréa Magalhães da Silva

Revisão
Rosa Maria Cury Cardoso

Proibida a reprodução total ou parcial desta obra,
de qualquer forma ou meio eletrônico, mecânico,
inclusive através de processos xerográficos,
sem permissão expressa do editor
(Lei nº 9.610/98).

Todos os direitos reservados pela
ÍCONE EDITORA LTDA.
Rua Anhanguera, 56 – Barra Funda
CEP 01135-000 – São Paulo – SP
Tel./Fax.: (11) 3392-7771
www.iconeeditora.com.br
e-mail: iconevendas@iconeeditora.com.br

Sobre a Autora

Formada pela Universidade de São Paulo (USP) em Bacharel em Química, com licenciatura e atribuições tecnológicas. Especialização em supervisão e administração escolar e mestrado em comunicação e educação com o tema: A recepção da informação midiática por professores e adolescentes da educação básica na cidade de São Paulo.

Atua na área da educação na formação continuada de alunos e professores como coordenadora pedagógica da rede pública e privada de ensino, supervisora concursada no Município e no Estado de São Paulo, professora de Ciências e Química durante dez anos da 5ª série do Ensino Fundamental, Ensino Médio e cursos universitários de Biologia, Matemática, Física, desenvolvendo projetos numa visão transversal do conhecimento no uso de tecnologias da informação.

Sumário

O adolescente e a mídia, 11

A herança dos adolescentes: uma sociedade tecnológica, 15

Ser adolescente na era da comunicação, 23

Imersos na informação, 27

Estar informado para quê?: uso dos meios de comunicação, 33

A recepção crítica dos adolescentes: qual é a real?, 41

A formação de opinião dos adolescentes: quem é o responsável?, 49

Escola e mídia: questão de credibilidade, 51

Ética: a essência da educação, 63

Adultos críticos, adolescentes críticos, 67

Sugestões de leituras para aprofundar os assuntos abordados, 77

Ser adolescente na
era da informação

O século XXI chegou impregnado de informação que freqüentam nosso cotidiano por meio de diferentes meios. A rede Internet, os celulares, a velha "TV" do século passado nos permite participar de um acidente na ilha de Java sentados confortavelmente em um lugar seguro.

Quais mudanças, no modo de pensar e de agir do cidadão do século XXI estamos presenciando?

A quem se pode chamar de adolescente na recepção crítica da mídia?

Como mudar nossa cultura para que este volume de informação transforme-se em conhecimentos para construirmos uma sociedade melhor de se viver para todos?

Quem mais influencia na formação de opinião do adolescente e do jovem, hoje, a TV ou a escola?

Esse livro não tem a intenção de dar respostas únicas a estes questionamentos, mas ajudar os adolescentes de todas as idades, a compreender e interpretar melhor o mundo da informação em que vivemos.

Boa leitura!

O adolescente e a mídia

Qual a maior diferença entre um adolescente do início do século XX e um adolescente no início do século XXI?

A qualidade de vida? Os estudos? A alimentação? O lazer? A Sexualidade? A relação com a família? Os sonhos para o futuro?

Difícil responder a nossas questões, pois sabemos que as pequenas atividades do cotidiano mudaram muito. Das brincadeiras de rua para as Lans house[1] o adolescente do século XXI vive cercado por um mundo tecnológico que interfere em seu modo de pensar.

---

[1] Casas de jogos com computadores interligados.

A evolução tecnológica contribuiu para o desenvolvimento da comunicação de massa, com uma velocidade espantosa na segunda metade do século XX, trazendo para o século XXI uma facilidade de acesso aos meios de comunicação, transformando os conceitos de tempo e de espaço do adolescente deste século. É comum ver os adolescentes com uma expectativa para o início de uma nova guerra no planeta com a possibilidade de se assistir bombardeios pela TV em tempo real, bem diferente dos adolescentes do século XX que ouviam dos adultos, notícias das grandes guerras mundiais do passado.[2] E mais, poder saber sobre as diferentes posições dos políticos de outras nações, conectando-se na rede Internet, com a possibilidade de formar e emitir opinião sobre conflitos que ocorrem a quilômetros de distância envolvendo culturas totalmente diferentes.

E qual a reação dos adolescentes de hoje diante de tanta facilidade de informação? Será que são simples receptores passivos ou conseguem interpretar as informações das quais têm acesso?

E a disputa dos espaços das revistas, jornais escritos e eletrônicos e a rede Internet no tempo do adolescente? Com qual objetivo estes adolescentes procuram estes meios de comunicação? O que pensam deles?

A proposta deste livro está em refletir desde o acesso dos adolescentes aos meios de comunicação,

---

[2] Referência às duas grandes guerras mundiais.

especialmente de jornais, revistas, televisão e Internet, passando pelos motivos que os levam a este acesso até a opinião destes adolescentes sobre a influência destes meios. Paralelo a estas questões aparece o papel dos adultos deste século. Será que os adultos do novo milênio estão preparados para educar os adolescentes para uma recepção crítica da informação veiculada pela mídia? Como ponto de partida para esta reflexão estarei utilizando dados de uma pesquisa feita por mim em 1999 com adolescentes entre 10 a 17 anos[3] e situações por mim presenciada por estar em constante contato, na minha profissão, com adolescentes.[4]

---

[3] A pesquisa fez parte da dissertação de mestrado "A informação mediática e a escola: um estudo sobre a recepção da informação mediática por adolescentes e professores da educação básica".

[4] Atuo como coordenadora pedagógica de alunos entre 10 e 17 anos.

A herança dos adolescentes:
uma sociedade tecnológica

A sociedade humana no início do século XXI, formada por adolescentes e adultos entre outros, apresenta uma forma peculiar de pensamento humano, resultado da interação entre o grande desenvolvimento tecnológico e a carga cultural historicamente construída.[5] Um olhar para o passado mostra que a história da humanidade é a mais fascinante aventura já imaginada por qualquer ser pensante. Contudo relatar essa aventura tomou diferentes características, ou seja, sua

---

[5] Sobre as modificações no pensamento humano e a evolução da sociedade ler MORIN, E. *Introdução ao pensamento complexo*. Lisboa: Instituto Piaget, 1995.

própria história foi sendo formada, na visão de historiadores, ou na visão de cientistas com características fascinantes.[6]

E como contar essa história para os adolescentes da geração 2000? Para considerar-se a escrita como o marco de separação entre a Pré-história e História propriamente dita, necessitar-se-á de explicações antropológicas que justifiquem a importância da escrita como o grande veículo do pensamento humano para quem vive a rotina dos e-mails e mensagens on-line.

Vamos partir do princípio de que a comunicação desde os primórdios da humanidade garantiu a evolução do modo de vida, biológica ou social, colocando o homem à posição de ser social. Sendo assim, a evolução da comunicação social garantiu a sobrevivência de modos de vida, de pensar e de diversas culturas.[7]

E o que dizer para os adolescentes que usam gírias como: *FALA SÉRIO, TÁ LIGADO, VALEU* que o desenvolvimento da fala pelo homem colocou-o em uma posição superior aos seus companheiros do Reino Animal? Pois é, a fala ajudou-o a se organizar para se defender contra as feras mais fortes. E para aqueles que detestam ler o livro de Literatura para a próxima semana como explicar que a formação de um modo de

---

[6] Sobre a história da humanidade e a Comunicação de Massa ler BALL-ROKEACH, S.; DEFLEUR, M. *Teorias da Comunicação de Massa.* Rio de Janeiro: Jorge Zahar Editor, 1993.

[7] Sobre a comunicação de massa e cultura ler KLAPPER, J.T. *The effects of mass communication.* New York:FreePress, 1960.

registro, como a escrita cuneiforme, propiciou pela primeira vez a eternidade do pensar?[8]

O pensamento de nossos ancestrais não mais dependia de sua presença física, garantida pela sua voz, de sua memória, de sua imaginação ou de suas crenças. Seu pensar poderia ser transmitido para outros seres, até por ele próprio desconhecido, desde que registrado em algo material como argila fresca e a folha de uma árvore. Até que em 2500 a.C., surge a técnica do papiro, precursor do nosso bom e velho papel.

Essa possibilidade de se levar o pensamento humano além do domínio físico de seu autor foi o grande propulsor do desenvolvimento da imprensa escrita.[9] Esse percurso do pensar tem um destinatário: outro ser humano pensante.[10]

O uso de códigos preestabelecidos entre os povos para se transitar um pensamento passou pelo telégrafo com seu código Morse, pela imprensa com o alfabeto e pelos números com os algarismos arábicos e romanos. Assim, modos de vida, modos de pensar, culturas diferentes começaram a entrar em contato,

---

[8] Sobre a linguagem nos processos de aprendizagem ler VYGOTSKY, L.S. *Pensamiento y lenguaje*. Buenos Aires: La Pléyade, 1972.

[9] Sobre o surgimento da imprensa como fator determinante no modo de vida humano ler McLUHAN, M. *The Gutenberg Galaxy: The making of typografic*. Man. Toronto: Toronto Press,1962.

[10] Sobre a linguagem e o modo de pensar ler CHOMSKY, N. *La naturaleza del languaje. Su naturaleza, origen y uso*. Madrid: Alianza Editorial, 1989.

lentamente, como a velocidade da evolução tecnológica permitia.[11]

As descobertas científicas da óptica e da química no início do século XIX permitiram o desenvolvimento da fotografia, introduzindo novos códigos de comunicação entre os povos. A fotografia, mais do que as frases do telégrafo, ou os textos dos jornais escritos e as reportagens radiofônicas, trouxe um diferencial cultural: uma credibilidade do fato. A imagem fotográfica eterniza o acontecimento, sem uso de códigos. A mensagem denotativa dos textos é substituída pela mensagem conotativa da imagem. Ela diz por si só.

Pasmem! Começa a se definir o mundo real e o virtual.[12]

A fotografia começou não só a ser utilizada como um recurso tecnológico, mas também como arte, ou como lazer. As transformações tecnológicas trazem consigo não só alterações na qualidade de vida como no modo de agir e pensar de quem as utiliza. O pensamento de McLuhan (1979), no qual o homem se traduz como uma extensão de seu meio, formas e conteúdos dessa tradução tecnológica faz com que o meio seja considerado a própria mensagem.[13]

---

[11] Sobre o contato entre diferentes culturas e o processo de globalização ler BRUNNER, J. *Desafios de la globalización para la innovación y el conocimiento*. In Educación Superior y Sociedad, vol. 7, nº 1, CRESALC, 1996.
[12] Sobre a imagem como código de mensagem ler *GAUTHIER, A. L'ímpact de l'image*. Paris: Harmattan, 1993.
[13] Sobre os meios como extensão do homem ler McLUHAN, M. *Os meios de Comunicação como extensões do Homem*. São Paulo: Cultrix, 1979 e COHN, G. *O meio é a mensagem. In* Cohn, G. (org). Comunicação e Indústria Cultural. São Paulo: EDUSP, 1971.

O ser humano cada vez mais coloca o conhecimento tecnológico acumulado a serviço de seu modo de pensar. Um pensar cada vez mais social, partilhado, transformado e influenciado pelas culturas diversificadas. A imprensa escrita e falada e a familiarização com a imagem abrem caminhos na cultura do homem do século XX. Novamente a descoberta científica de uma particularidade do olho humano, "a persistência visual", leva o pensamento humano a experimentar a seqüência das imagens fotográficas produzindo a primeira imagem virtual da humanidade.[14]

O cinema abre caminho para novas manifestações do pensamento humano. Cultural e tecnologicamente, a televisão encontra uma sociedade que decodifica as mensagens tanto escritas quanto faladas, e introduz novos parâmetros de comunicação, o da imagem televisiva.[15]

O século XX começa a vislumbrar uma aceleração assustadora não apenas nas descobertas científicas e tecnológicas, mas também no modo de se comunicar. A partir da segunda metade do século XX, o uso de linguagem binário para armazenamento de dados foi abrindo caminho para os computadores pessoais. Os primeiros computadores tinham o tamanho de uma sala e o operador entrava dentro para operá-lo. Foi nova-

---

[14] Sobre a imagem com movimento e o impacto na sociedade ler BAZIN, A. *Onthologie de l'image photographique*. In Qu'est-ce que le cinéma? Paris: Cerf, 1975.

[15] Sobre as reações da imagem televisa da sociedade ler BELSON, W.A. *The impact of television*. London: Crosby Lockwood, 1967.

mente uma descoberta científica, os *chipes*, que permitiram o desenvolvimento de computadores menores até os atuais *notebook* e *palms*.

Esses conhecimentos trouxeram mudanças não só de referenciais teóricos para pensadores, cientistas e estudiosos, como para a rotina das pequenas tarefas de sobrevivência do nosso cotidiano. Pensar em se alimentar, em se proteger do frio, das chuvas, do sol, viver em sociedade continuam sendo preocupações do homem do século XXI[16], mas de forma bem diferente.

Toda esta evolução da ciência moderna previa uma transformação e melhoria da qualidade de vida do homem. A globalização do saber afeta o compromisso social e pessoal. Os grandes valores da modernidade, prometido pela ciência, garantindo o progresso e o desenvolvimento social se defronta com uma realidade mundial assustadora. Povos inteiros morrem de fome em pleno século XX, apesar do grande desenvolvimento tecnológico. Novas doenças, como a AIDS (Síndrome da Imunodeficiência), convivem com o cólera e outras doenças vilãs dos séculos passados.[17]

Nesse contexto, a sociedade moderna chega ao final do século XX necessitando de mudanças para que seu pensamento entenda a redescoberta dos misté-

---

[16] Sobre a grande evolução tecnológica ler HOBSBAWM, *E.J. Era dos Extremos – O breve século XX 1914-1991*. São Paulo: Companhia das Letras, 1994.

[17] Sobre a crítica ao desenvolvimento da ciência ler SANTOS, S.B. *Um discurso sobre as ciências*. Porto: Afrontamento, 1996.

rios do universo[18]. Ciência e religião não mais se colocam em pontos opostos e intercomunicáveis. O pensamento cartesiano começa a se tornar insuficiente diante das possibilidades de pensamentos diversificados. A fragmentação do pensar moderno começa a encontrar um novo pensar pós-moderno que sugere a pluralidade de idéias contrapondo-se com o reducionismo do pensar.[19]

Einstein, um dos grandes cientistas do século XX, criador de paradigmas nunca antes imaginados, percebeu a necessidade da soma de visões de mundo, ao invés da oposição de pensamentos, colocando a fé como o início do esforço para o conhecimento científico.[20] Na pós-modernidade, a coexistência da fé com o pensar científico se complementam. As teorias propostas por Einstein abalam alguns dos mais fortes referenciais históricos da humanidade: o tempo e o espaço. O relativismo do tempo e do espaço coexiste com a Física Newtoniana, ainda nesse final de século.[21]

Um novo pensar traduzindo uma razão comunicativa propõe a troca da eficiência do método (razão instru-

---

[18] Sobre a as conseqüências de a modernidade ler KAOLAN, E, A. (org). *O mal-estar no pós-moderno – Teorias e práticas*. Rio de Janeiro: Zahar, 1993.
[19] Sobre novos paradigmas para o pensamento ler PETRAGLIA, I.C. Edgar *Morin – a educação e a complexidade do ser e do saber*. Petrópolis: Vozes, 1995.
[20] Sobre a relação fé-ciência ler EINSTEIN. A. *Como vejo o mundo*. Rio de Janeiro: Nova Fronteira, 1981.
[21] Sobre mudança de paradigmas para tempo – espaço ler Augé, M. *Não-lugares – introdução a uma antropologia da supermodernidade*. Campinas; Papirus, 1994.

mental) por uma ação dialógica, ou seja, uma pluralidade de idéias.[22] A coexistência também se percebe na globalização e na regionalização de valores. A experiência de vida do adulto sempre valorizado nos processos de transmissão dos valores culturais e da educação formal e informal coexiste com a experiência de vida da criança, do adolescente e do jovem, pois com a velocidade acelerada das transformações tecnológicas, dois mundos paralelos convivem um tentando entender o outro, porém não mais se assustando com as possibilidades futuras. É a razão comunicativa traduzida pela ação das pequenas atividades do homem comum. A tradução tecnológica tornando-se a própria mensagem e a consciência planetária instalada no homem do fim do século.[23] Aproxima-se do início desse milênio trazendo uma carga cultural que supera a dimensão quantitativa e referencial do tempo, exigindo outros pensares.[24]

As modificações culturais, que em tempos passados geravam conflitos desastrosos, começam a ter espaço concomitante de existência.

Com esta herança o que esperar de nossos adolescentes e seu modo de pensar?

---

[22] Sobre razão comunicativa ler Ingram, D. *Habermas e a dialética da razão*. Brasília: Editora UnB, 1994.

[23] Sobre a tradução tecnológica e o conhecimento ler Foerster, H. *Visão e conhecimento: disfunções de segunda ordem*. In: Schnitman, D.F. (org.). Novos paradigmas, cultura e subjetividade. Porto Alegre: Artes Médicas, 1996.

[24] Ler Wigley, M. *A desconstrução do espaço*. In: Schnitman, D.F. (org). Novos paradigmas, cultura e subjetividade. Porto Alegre: Artes Médicas, 1996.

Ser adolescente na era da comunicação

Vamos voltar a nossa primeira pergunta: "Qual a maior diferença entre um adolescente do início do século XX para o início do século XXI? Uma destas diferenças está no grande número e na velocidade com que os adolescentes recebem as informações diariamente. Os jornais da cidade, as revistas semanais e mensais, as grandes redes de televisão e seus programas jornalísticos, a rede Internet "bombardeiam" o adolescente com informações sobre fatos da realidade local e mundial.[25]

---

[25] Sobre o fluxo de informações na sociedade atual ler Neuman, W. R., & de Sola Pool, I. *The flow of communication into the home*. In S.J. Ball Rokeach & M. G. Cantor (Ends.), *Media, audience and social structure* (pp. 71-86). Newbury Park, CA: Sage, 1986.

A recepção dessas informações depende da capacidade de interpretação, da relação com a cultura de seu tempo influenciando num novo modo de pensar e agir de cada ser humano. Ao mesmo tempo em que uma informação é veiculada pensando-se num agir coletivo e social, sua recepção dá-se de forma individual, culturalmente inserida.[26]

A cultura desse final de milênio está impregnada de informação.[27] As grandes redes de comunicação apostam na agenda-setting, a imposição de temas públicos nos assuntos discutidos coletivamente por simples veiculação do mesmo pela mídia escrita e falada[28] para influenciar na recepção da informação. Contudo a recepção de qualquer informação não acontece por imposição de quem a emite, mas interage com a cultura em que vive. Um bom exemplo está no significado social de eventos esportivos, como a competição internacional de futebol conhecida como Copa do Mundo, num país como o Brasil e num país como os Estados Unidos

---

[26] Sobre os meios de comunicação e as alterações na sociedade ler CLARKE. P. & KLINE, G. *Media effects reconsidered: some new strategies for communication research*. Communication Research, v. 1, 1974.

[27] Sobre a informação mediática e a sociedade contemporânea ler BARTOLOZZI, P. L. *El ecosistema informativo*. Pamplona: Eunsa, 1974.

[28] Sobre a imposição de temas pela mídia ler BENTON, M & FRAZIER, J. *The agenda setting function of the mass media at three levels of information holding. Communication Research*, v. 3, n. 3. 1976.

da América[29] apresenta efeitos de recepção diferenciados. A escolha do agendamento por parte da mídia passa pela cultura do povo onde a informação será veiculada. A seletividade[30] de informações imposta pela mídia prioriza temas em detrimento de outros, produzindo um desconhecimento social de fatos relevantes.[31]

Estudos sobre a influência da informação *mediática* desenvolveram-se paralelos ao desenvolvimento da tecnologia da comunicação. O mesmo aconteceu com os jornais, posteriormente com o cinema, a televisão e, mais recentemente com a informática. A partir da década de 30, a grande evolução dos sistemas de comunicação de massa alterou a sociedade contemporânea em relação à sua dependência de informação.[32]

---

[29] Sobre efeitos da exposição a eventos esportivos televisados ler Sapolsky, B. S. *The effect os spectator disposition and suspense on the enjoyment of sport contents.* International Journal of sports Psychology, v. 1, p. 11. Ler também Sapolsky, B. S., & Zillmann, D. *Enjoyment of a televised sport contest under different social conditions of viewing.* Perceptual and Motor Skillsv. v. 46, pp. 29-30, 1978.

[30] Sobre a seletividade da informação ler Zillmann, D. , & Bryant, J. (Eds.). *Selective exposure to communication.* Hillsdale, NJ: Lawrence Erlbaum Associates, 1985.

[31] Sobre a informação e realidade ler Guanter, J. M. D. & Soria. J. *Los limites de la information.* Valladolid: Serviço de Publicaciones Exma. Diputación, 1976.

[32] Sobre a informação indispensável para o indivíduo ler Ball-Rokeach, S. & DEFLEUR, M. *Teoria de dependência do sistema de mídia.* Em *Teorias da comunicação de massa*, pp. 315-346. Rio de Janeiro: Zahar, 1993.

A Era da comunicação com um sistema de comunicação de massa organizada em grandes redes, na qual a informação é recebida em tempo real, pelos adolescentes vivenciando diferentes culturas, atua no modo de agir, de pensar, re-elaborando-se, então, uma nova cultura.

Imersos na informação

Estar ligado! Conectado! Informado! Esses são os lemas dos adolescentes do século XXI. Bem diferente do início do século passado, rodeamos nossas crianças e adolescentes com tecnologia da comunicação. E o que eles fazem com tanta facilidade de acesso? Apenas se divertem? São escravos da tecnologia?

Acesso aos meios de comunicação

O acesso à informação por meio de tecnologia da comunicação cresceu muito a partir da segunda metade do século XX tornando-se cenas comuns no século XXI. Os bebês nascem em casa com computadores, telefones, babás-eletrônicas, televisores, vídeos, DVDs.

Iniciam seus primeiros passos sob a lente de câmeras digitais e sua imagem logo é enviada na Rede internet para avós, tios, amigos interligados em tempo real, ultrapassando espaços astronômicos.

Crescem e começam a ampliar seu convívio social freqüentando escolas de educação Infantil. Ao lado de brinquedos pedagógicos tradicionais, livros, vídeos, computadores e televisores formam os recursos para o desenvolvimento infantil.

Ao chegarem à adolescência já estão familiarizados com o convívio tecnológico que influenciam em seu modo de pensar. Chamados carinhosamente por geração Videoclipe, vêem com naturalidade a transmissão de fatos, em tempo real, em qualquer parte de nosso planeta, e mais, de nosso universo.

Será que este volume de acesso à tecnologia da comunicação acontece tão intensamente para todos os adolescentes? Em 1999 fiz uma pesquisa com adolescentes de 10 a 17 anos da Educação Básica na cidade de São Paulo em busca da resposta a esta pergunta, como a outras.[33] Esta pesquisa tinha um de seus objetivos saber sobre as tecnologias da comunicação na vida destes adolescentes e seus professores, bem como a relação entre comunicação e educação.

A vida do adolescente acontece, na sua maior parte, em dois meios sociais importantes: escola e famí-

---

[33] 60,7% do sexo feminino e 39,3% do sexo masculino; a maioria dos adolescentes entrevistados (63%) tinha idade entre 15 a 17 anos.

lia. Justamente nestes meios que encontramos condições para o acesso à informação.

As tecnologias da comunicação que os adolescentes pesquisados possuem em casa e na escola revelam um acesso facilitado pela disponibilidade.

Figura 1.

Tomando os dados da pesquisa já citada e representada na figura1 nota-se uma presença de aparelhos de TVs praticamente em todas as casas (97,1% das casas dos adolescentes[34] e 83,2% de videocassetes).[35] Estas tecnologias já são mais comuns do que os computadores (57,8%). Nesse início de século o acesso aos computadores cresce aproximando-se do valor dos televisores. Uma evolução há menos de 5 anos. Esta incrível velocidade com que novas tecnologias passam a fazer parte do cotidiano das pessoas cria um diálogo entre adolescentes e tecnologia bem diferente de alguns poucos anos passados.

E nas escolas? Como é o acesso a estas tecnologias? Todas as tecnologias surgem com um índice maior de presença, com exceção da TV a cabo. Importante lembrar que a pesquisa incluiu escolas tanto da rede privada (59% dos pesquisados) quanto das escolas públicas (41%).

A presença de tecnologias da comunicação como aparelhos de TV, videocassetes e computadores nas escolas demonstra uma intenção por parte dos educadores de se ter uma exploração pedagógica destes meios de comunicação para o desenvolvimento da educação. É importante ressaltar que como todo recurso pedagógico, seu uso e conseqüentemente a aprendizagem à

---

[34] Dos adolescentes pesquisados 41% eram da rede pública e 59% da rede particular.

[35] A pesquisa não incluiu os DVDs pois no final do século passado esta tecnologia não estava tão acessível como no nosso século.

qual irá favorecer depende das intenções pedagógicas, ou seja, dos objetivos pedagógicos aos quais estas tecnologias estão à disposição. Seriam esses objetivos relacionados com a recepção crítica da informação?

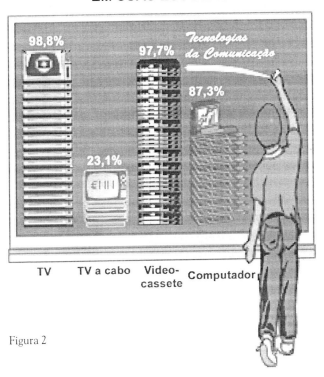

Figura 2

O desenvolvimento de uma recepção crítica para tanta informação deveria ser uma prioridade diante do fato de que há um acesso facilitado nas escolas e nas casas dos adolescentes.

Mas não só de TVs, vídeos e computadores vivem nossos adolescentes. Jornais e revistas também contribuem para o acesso à informação. Para estes adolescentes paulistanos dois jornais locais, Folha de São Paulo (38,7% de assinantes) e O Estado de S. Paulo (33,7% de assinantes) aparecem como as principais fontes de informação. Nas revistas Veja (48,7% de assinantes) e Superinteressante (20% dos assinantes). É importante lembrarmos que os responsáveis em disponibilizar os meios de comúnicação para os adolescentes são adultos, família ou escola, via compra dos mesmos. São meios de comunicações dirigidas ao público adulto, mas que são acessadas pelos adolescentes de forma sistemática, por assinatura, por exemplo.

Estar informado para quê?: uso dos meios de comunicação

Quais informações os adolescentes procuram nos meios de comunicação cujo público-alvo principal é o adulto?

Os meios de comunicação da mídia impressa como jornais, revistas e vídeos são acessados pelos adolescentes (acima de 50%), com maior freqüência comparando-se ao acesso aos telejornais e Internet.[36] Para quê os adolescentes usam esses meios de comunicação?

---

[36] Novamente temos que lembrar que estes dados referem-se há 5 anos atrás.

Uso dos meios de comunicação pelos adolescentes e sua finalidade

Finalidade	Jornais	Revistas	Telejornais	Vídeos	Internet
Trabalhos escolares	39,4%	25,8%	10,5%	36,2%	45,5%
Acompanhar os acontecimentos	56,6%	67,1%	95,8%	29,5%	24,2%
Busca de informações	15,0%	21,3%	11,8%	23,5%	28,8%
Outra finalidade	2,3%	0,6%	3,3%	10,7%	

As informações destes meios de comunicação possuem diversos fins, mas o maior motivo está em acompanhar os acontecimentos seguido do trabalho de escola.

Meios de comunicação nas escolas

Como vimos anteriormente, os adolescentes têm muito acesso aos meios de comunicação nas escolas e, portanto, seria interessante conhecermos também a opinião dos seus professores sobre a finalidade dos mesmos. Será que professores e seus alunos pensam da mesma forma? Veja a opinião de alguns alunos e seus professores.

Opinião de professores e adolescentes
sobre a finalidade do uso dos meios
de comunicação nas escolas

	Professores	Adolescentes
Introduzir temas para debate	57,0%	40,4%
Exemplificar fato ou conceito	58,1%	34,1%
Atualizar o conteúdo	54,8%	42,8%
Relacionar conteúdo ao cotidiano	94,6%	48,0%
Tornar a aula mais interessante	*	60,1%
Outra função	12,9%	6,9%

* Essa alternativa foi incluída apenas na pergunta dos adolescentes.

A principal divergência entre professores e seus alunos percebemos no item *Relacionar o conteúdo ao cotidiano* (94,6% para os professores e 48,0% para os adolescentes).Vejam os dados da tabela que representa essa divergência na qual o maior índice da função do uso dos meios de comunicação para os professores está em relacionar a realidade ao conteúdo enquanto que para o adolescente está em tornar a aula mais interessante, ou seja, recurso metodológico.

As opiniões diferenciadas entre professores e seus alunos referentes aos meios de comunicação revelam diferentes interpretações. Vamos recorrer à opinião dos adolescentes no que se refere ao meio de comunicação no qual mais se aprende.

Opinião de professores e adolescentes: meios de comunicação mais adequados pedagogicamente

	Jornais	Revistas	Telejornais	Vídeos	Internet
Professores	60,2%	59,1%	34,4%	74,2%	33,3%
Adolescentes	28,9%	30,0%	39,3%	40,5%	19,6%

Nos dados da tabela percebe-se um equilíbrio nas respostas dos adolescentes (em torno de 30%) no uso adequado das diferentes tecnologias, mas a opinião dos professores sugere uma preferência pelos vídeos (74,2%).

E qual é a reação dos adolescentes quando os professores utilizam a mídia impressa e eletrônica como jornais, revistas, vídeo e Internet em aula? Para os professores consultados na pesquisa as reações são positivas, pois indicaram como respostas: "boa receptividade" (80,5%), reagem de forma prazerosa (27,9%) e têm uma reação interessante (26,9%). Responderam também que há um maior envolvimento (19,3%) e apenas 4,3% responderam que os alunos estão familiarizados com a mídia.

De um lado o interesse dos alunos, do outro a percepção dos professores. Como esta situação pode gerar conhecimento crítico? Podemos esperar uma educação que permita a formação de uma recepção crítica das informações? Estarão os professores intencionados pedagogicamente com o desenvolvimento da recepção crítica da informação ou apenas incluem os meios de comunicação como material didático?

Na opinião dos professores o principal objetivo refere-se à questão metodológica (39,8%) em contraponto à interpretação de informação (2,1%). (*Dinâmica de aula – 39,8%; relação do conteúdo com o cotidiano: 27,9%*).

Parece que a recepção da informação pelos adolescentes está sendo desenvolvida pelos próprios adolescentes, sem muita ajuda, pelo menos de forma consciente, dos seus professores.

Meios de comunicação na vida pessoal

A presença da tecnologia da comunicação está muito presente nas escolas, porém percebemos que a sua utilização ainda está muito relacionada às funções metodológicas que não contribuem muito para o desenvolvimento de uma recepção crítica pelos adolescentes.

Como os professores e seus alunos utilizam os meios de comunicação na vida pessoal? Novas respostas podem contribuir para a nossa reflexão. Vamos primeiro conhecer o que disseram os professores. Quando perguntados "Pessoalmente, como você utiliza os meios de comunicação" encontramos altos índices tanto na utilização profissional, como no convívio social.

Utilização dos meios de comunicação: professores

Formação pessoal	51,6%
Atualização profissional	74,2%
Convívio social	72,0%
Consulta para preparação de aula	64,5%
Outra utilização	8,6%

Complementada pela pergunta *"Qual o papel da informação na sua vida?* Os professores atribuem papéis diferenciados para a informação nas suas vidas pessoais destacando-se a atualização (31,2%), formação pessoal (16,1%) e fundamental (14,0%)".

As citações dos professores reproduzidas acima apresentam conotações positivas do papel da informação na vida pessoal.

As tecnologias da comunicação não estão presentes apenas na vida dos adolescentes, mas os dados mostram que a utilização de forma voluntária existe na vida profissional e pessoal dos professores.

Adolescentes utilizam os meios de comunicação principalmente para obter novos conhecimentos (82,1% dos pesquisados) indicando lazer em segundo plano (30,8%).

Utilização dos meios de comunicação: adolescentes

Informado para a conversa na turma	32,4%
Lazer	30,6%
Consulta para pesquisas escolares	31,2%
Obter novos conhecimentos	82,1%
Outra utilização	4,6%

Mas será que este interesse pelos meios de comunicação ocupa muito tempo da vida dos adolescentes? Quando questionado sobre quais meios de comunicação utiliza, com qual freqüência e com que finalidade, o adolescente revela que jornal, revista e telejornal são utilizados preferencialmente para acompanhar os acontecimentos, enquanto que vídeos e Internet apresentam-se como utilizados com maior índice para os trabalhos escolares. Estão sempre em busca de assuntos de interesse. Procuram informações sobre esportes, música, clipes e jogos, ao mesmo tempo em que se interessam pela política do Brasil e do mundo, por problemas sociais do país e ecologia. Procuram informações sobre drogas e sexo como também por profissões, desenvolvimento da ciência e leis. São assuntos que revelam a curiosidade humana e a necessidade de ter novos conhecimentos.

O tempo para toda esta curiosidade é bem organizado, pois para se estar bem informado é necessário uma freqüência sistemática de acesso aos meios de comunicação. O acesso mais utilizado está nas TVs durante os telejornais diários (77% dos entrevistados). Importante lembrarmos que os principais telejornais diários têm como público-alvo os adultos.

	Jornal	Revista	Telejornal	Vídeo	Internet
Diariamente	23,7%	11,66%	77,0%	6,0%	13,6%
2 a 3 vezes por semana	38,7%	48,0%	21,4%	39,6%	27,3%
Só quando solicitado pelo professor	20,2%	14,2%	3,9%	26,2%	15,1%
Outra	15,6%	19,35	5,95	26,2%	33,3%

A recepção crítica dos adolescentes: qual é a real?

Com todo esse acesso à informação, qual é a realidade percebida pelos adolescentes de hoje? Por que o tempo se tornou tão rápido e o espaço sem limites?

A percepção da realidade, ou seja, a interpretação do que acontece no seu meio, estendeu-se das sensações dos sentidos (visão, audição, olfato, tato e paladar) à utilização de meios tecnológicos, levando a uma busca de informações a respeito de fatos que se tornem parte desta percepção, necessária para pensar e compreender o mundo em que se vive.[37] Informações

---

[37] Sobre a realidade como um processo de construção ler Berger, P. & Luchmann, TH. *La construcción social de la realidad*. Buenos Aires: Amorrortu, 1979.

escritas ou audiovisuais tornaram-se intermediadores do ser humano com a realidade.[38]

A informação escrita e falada sobre um incêndio ou até suas imagens (fotos, videografia) trazem uma parte, ou melhor, uma interpretação do fato real. A intensidade do calor das chamas, a luminosidade, os cheiros dos gases liberados podem ser relatados por uma pessoa, porém transformados pela recepção da mesma em uma informação.

Dessa forma, o entendimento da realidade é construído pela interação entre as informações diretas, via sentidos, ou indireta, via informações, emitidas como produto de uma recepção prévia.

A informação veiculada pelos meios de comunicação está presente, nos dias de hoje, em freqüência, em tempo real, em diversidade dos temas, de forma mais significativa, se comparado aos séculos anteriores. As noções de tempo e espaço estão se construindo de forma diferente para pessoas expostas aos meios de comunicação. O estar-presente-sem-estar, propiciado pelos meios de comunicação, aproxima o espaço real e virtual. O vai-e-vem entre esses dois mundos: real e virtual, cria uma noção de tempo não-linear.

Assimilar toda esta transformação interfere de diversos modos nos adultos e nos adolescentes, pois estes vivenciam a presença destas tecnologias de formas bem diferentes.

---

[38] Sobre a construção da realidade e ao meios de comunicação ler Adoni, H., & Mane, S. *Media and the social construction of reality: Toward na integration of theory and research.* Comunication Research, v. 11, pp. 323-340, 1985.

Quase a totalidade dos professores da Educação Básica (94,6% rede pública e particular) da cidade de São Paulo utiliza a informação mediática como a representação da realidade para relacionar o conteúdo específico de um conhecimento ao cotidiano, como vimos anteriormente. Quando isso acontece, os professores estão trazendo para a sala de aula o cotidiano recebido, interpretado e re-emitido por pessoas especializadas em comunicação de massa, e que produzem vídeos, jornais diários e revistas. Esta realidade representada nos meios de comunicação traz uma visão reducionista do cotidiano, que privilegia algumas informações e omite outras. É necessária uma interpretação crítica destes fatos primeiramente pelos professores a fim de que possa mediar a recepção dos seus adolescentes.

A relação da informação com o cotidiano, ou seja com a realidade foi associada por apenas 48% dos adolescentes pesquisados (tabela da página 35),uma significativa diferença na opinião de professores e alunos na relação informação mediática/cotidiano. A posição dos professores na utilização da informação para se inteirar da realidade aparece também na sua relação pessoal com a mesma, pois 74,2% dos entrevistados utiliza-se dos meios de comunicação à *uma atualização necessária para a profissão*" (ver página 38). Para a grande maioria dos adolescentes (96%) a informação dos meios de comunicação deve ser utilizada nas aulas, porém relacionada a objetivos da "*dinâmica de aula*" (60,1%).

A associação entre realidade e informação está bem mais presente para os professores do que para os adolescentes. Ao planejar o seu curso, ou sua aula, o professor seleciona material pedagógico que o auxilia na tarefa de ensinar. A utilização da informação midiática encontra nos professores um *"filtro seletivo"* dos assuntos e temas relevantes para seus alunos. Esse *"filtro seletivo"*, composto por etapas sobrepostas e progressivas: exposição, atenção seletiva, percepção e retenção seletiva, segundo dados da pesquisa, também diz respeito ao cotidiano, ou seja, a fatos da realidade.[39]

Analisando a última etapa do processo seletivo descrito acima, a retenção seletiva entre professores e alunos difere na sua relação com a realidade. A realidade entendida pelos professores não é reconhecida pelos alunos, quando se refere aos meios de comunicação. Essa percepção, relacionada com uma visão interacionista de Educação, busca uma atuação crítica e consciente do adolescente na sua relação homem-sociedade, refletindo sua própria realidade. Os professores entendem a realidade como a mesma representada pelos meios de comunicação.[40]

A relação da informação com a realidade aparece de maneira marcante com citações como: *"inserir o*

---

[39] Sobre "filtro seletivo na comunicação" ler Barros Filho, C. *Ética na Comunicação: da informação ao receptor.* São Paulo: Moderna, 1995.

[40] Sobre a ação pedagógica sócio-interacionista, ler Freire, P. *Educação e mudança.* Rio de Janeiro: Paz e Terra, 1979.

aluno na realidade, aprimorar cultura, atualização, contextualização ajuda o aluno a pensar, relaciona o cotidiano com valores". Essas citações dadas pelos professores aparecem em 27,9% dos professores pesquisados referindo-se às informações como instrumento da realidade na sala de aula.

A escolha do tipo de tecnologia e da fonte de origem do material mediático produzido, interferem, diretamente na visão da realidade trazida pelos professores por meio da utilização das informações mediáticas, caso isso ocorra sem confronto das mesmas. Dentre a *mídia* impressa, constata-se uma preferência ao jornal *Folha de São Paulo* e da revista semanal *Veja*. Outros jornais e revistas citados tiveram índices de utilização abaixo de 30%. Essa preferência foi detectada na metade dos professores consultados, o que pode vincular a uma versão da realidade específica relacionada com a linha editorial desses dois meios de comunicação (Folha de São Paulo e Veja).

Em relação às *mídias* audiovisuais, (as fitas de vídeo e os telejornais) observa-se uma diversidade maior quanto à sua origem, pois os telejornais e as videografias utilizados pelos professores não indicam uma preferência acentuada, porém o confronto entre telejornais e videografias é ainda menor que o que acontece com a *mídia impressa*.[41] No que se refere às videografias citadas e utilizadas pelos professores, o maior índice con-

---

[41] Sobre a videografia em sala de aula ler Morán, J. M. O vídeo na sala de aula. *Comunicação e Educação* 2, 27-35. São Paulo: Moderna, 1995.

centra-se nas produções consideradas didáticas com o objetivo de promover debates (24,3%) contra 6,1% de interpretação da realidade. Já os telejornais, aproximadamente metade dos professores em sala de aula, têm como objetivo articular debates. Esses dados obtidos por perguntas abertas não constatam respostas em que o professor utiliza-se de mais de um telejornal ou produção de videografia num confronto das informações relacionadas a um mesmo fato da realidade.[42]

A seleção feita pelos adolescentes em relação à finalidade da *mídia impressa* relaciona-se com a função comunicativa dos meios de comunicação quando apontam aspecto como *"acompanhar os acontecimentos"*. Em relação a *mídia* eletrônica fazem uso principalmente, de vídeos para a elaboração de trabalhos escolares, dentro do processo educativo. (Os telejornais aparecem com uma utilização relacionada com a comunicação, pois 67,6% dos adolescentes procuramnos, de forma espontânea, "para acompanhar os acontecimentos").[43]

Entre todas as mídias tecnológicas utilizadas nas escolas pesquisadas, a Rede Internet apresentou-se como a menos utilizada pelos professores e alunos,

---

[42] Sobre a imposição de temas pela televisão ler BROSIUS, H. B., & KLEPPLINGER, H. M. *The agenda-setting fuction of television news: static and dynamic views. Communication Research*, 17, 183-211,1976.
[43] Sobre imposição de temas como acontecimentos relevantes ler MCCOMBS, M. E., & SHAW, D. L. *The agenda-setting function of mass media*. Public Opinion Quartely, 36, 176-187,1972

porém é significativo o índice de 45,5%, dos que utilizam para realização de *"trabalhos escolares"*, em contradição a 28,8% na *"busca de assuntos de Interesse"*, e 7% *"para diversão"*. Para os professores a utilização da rede é indicada aos alunos para a realização de pesquisas (61,1% dos usuários) em *sites* relacionados a entidades educativas como bibliotecas, universidades.[44] Esses dados demonstram que a rede Internet tem sua função, no processo educativo, semelhante à atribuída às enciclopédias, hemerotecas. Usadas como um meio de comunicação, a Internet ainda não apresenta números significativos entre professores e adolescentes pesquisados. É importante ressaltar que estamos falando de dados coletados há 5 anos da edição desse livro.

A presença da informação mediática na vida escolar dos adolescentes e sua relação com a realidade aparecem mais como aceitação passiva na utilização pedagógica, privilegiando uma única fonte de informação numa certa constância da utilização das mesmas. Para uma educação em busca da formação de um cidadão pensante, atuante, crítico faz-se necessária a exploração do confronto de fatos, de interpretações, com a intervenção efetiva do professor desde a seleção do material mediático introduzido nas aulas, permitindo-se, assim, os confrontos de opiniões.

---

[44] Sobre a utilização da Internet nos processos educativos ler PALÁCIOS, M. *Educação na Internet*. In: *Comunicação e Educação*. São Paulo: Moderna.v. 6, pp. 35-40. 1996.

A formação de opinião dos adolescentes: quem é o responsável?

O processo envolvendo a formação de opinião do adolescente e do jovem tornou-se complexo na medida em que a diversidade dos agentes representantes dessa formação ampliou-se de grupos sociais tradicionais como família, escola para as inter-relações com outros grupos, devido a evolução dos meios de comunicação. Quem influencia mais a opinião dos adolescentes, a escola ou os meios de comunicação? O primeiro impulso é acreditar no poder da *mídia*. Mas porque não acreditar mais na criticidade dos adolescentes? Já vimos anteriormente que ao confrontarmos a visão dos professores (nossos representantes adultos que entendem de adolescentes) com a visão dos adolescentes em relação a representação da realidade temos uma visão mais crítica por parte dos adolescentes do que dos adultos que entendem de adolescentes (professores).

Escola e mídia:
questão de credibilidade

Um aspecto importante e conflitante é a questão da credibilidade quando os processos de Comunicação e Educação confrontam-se. Tanto os meios de comunicação como a escola procuram atingir seus objetivos utilizando-se de linguagens diferentes, verbais ou não, explorando o afetivo, o emocional e o cultural. Porém, é a questão da credibilidade nos meios ou na escola que catalisa e até garante o sucesso desses objetivos.

O processo de escolha da informação utilizada nas escolas envolve vários recortes que influenciam diretamente na formação de opinião, seja pela omissão de dados, pela visão unilateral do acontecimento, pela linguagem ou até mesmo pela posição política retratados nos meios. Decidir qual informação participará do trabalho pedagógico representa uma postura política perante os próprios meios de comunicação.

Mas afinal *quem forma mais a opinião dos adolescentes de hoje, os meios de comunicação ou a escola?* Para os professores e adolescentes pesquisados, os meios de comunicação é o maior responsável pela formação de opinião dos adolescentes.[45]

É um fator preocupante perceber que agentes da educação como professores e alunos, associam de forma tão incisiva a tarefa de formação de opinião dos jovens aos meios de comunicação pesquisados (jornais, revistas, telejornais, vídeo, Internet). Faz-se necessário uma análise da justificativa desses agentes para tal resultado.

Os professores demonstram um estado de inferioridade da escola perante os meios de comunicação e destacam qualidades "pseudofavoráveis" dos meios como: tempo mais disponível dos adolescentes para os meios (14%). Será que este fator é tão decisivo? Lembramos que a nova Lei de Diretrizes e Bases (Lei 9.394/96) em vigor determina um mínimo de 4 horas de permanência dos alunos nas escolas durante 200 dias letivos totalizando 800 horas por ano.

---

[45] Entre os professores, 66,6% acreditam ser os meios de comunicação, apenas 6,4% como sendo a escola e 22,5% ambos. Entre os adolescentes,73,4% dos entrevistados indicando os meios de comunicação, apenas 10,4% responderam como sendo a escola e 11,6% ambos.

Vamos fazer uma comparação entre a justificativa dos professores e a opinião de seus alunos em relação à exposição aos meios que eles utilizam. As freqüências diárias tanto para jornais, revistas e fitas de vídeos se apresentaram baixas (retomamos os dados da tabela da página 40). Apenas os telejornais destacaram-se com uma porcentagem diária de 77% por parte dos adolescentes. Levando-se em conta a duração em média 50 minutos diária, com exceção dos domingos, tem-se em torno de 260 horas de tempo disponível para os meios, bem menos que o tempo disponível para o período letivo no Brasil.[46]

Nas escolas brasileiras o adolescente precisa ter uma freqüência escolar de, no mínimo, 75% dos dias letivos; a argumentação dos professores não condiz com os fatos. Os adolescentes têm mais tempo para a escola e não para os meios de comunicação – 800 horas contra 260 horas. Em relação aos telejornais, a grande freqüência por parte dos adolescentes é a que os professores menos consideram, visto que a utilização da informação desse meio de comunicação foi a mais baixa detectada na pesquisa.

Analisando outras justificativas do professor, encontram-se argumentações valorizando a eficiência dos meios em relação à comunicação com os adolescentes.

---

[46] Sobre a abordagem da LDB e a educação não formal ler SOARES, I. O. *A nova LDB e a formação de professores para a interação Comunicação/Educação*. In: *Comunicação e Educação*. São Paulo: Moderna, v. 2, pp. 21-26, 1995.

Justificativas como: os meios chamam mais a atenção (16,1%); os meios usam a linguagem dos jovens (4,3%) demonstram a aceitação por parte do professor do "poder da mídia". É importante destacar que a espontaneidade da pergunta apresentou argumentações que refletem um professor desanimado, colocando a escola como derrotada diante de uma batalha já vencida pelos meios.

Para parte dos professores (26%), os meios possuem vantagens em relação à escola como: meios fortes/escola luta; meios se adaptam mais rápido do que a escola; meios interessantes/escola atrasada; luta desigual; escola desacreditada; escola deve ter credibilidade.

Uma pequena parcela dos professores demonstrou uma visão de aproximação com os meios citando como justificativa que "complementam-se" (2,1%); "escola aliada aos meios" (2,1%); "meios são amplos/ escola discute" (4,3%).

Esse aparente desânimo demonstrado pelos professores em relação ao confronto escola e meios de comunicação não é reforçado pela opinião dos mesmos em relação especificamente ao uso da *mídia* eletrônica, principalmente no uso da televisão e da Internet, pelas crianças. Uma parte significativa dos professores responderam entre bom e excelente (38,6%) o uso desses meios, mesmo se colocando ressalvas como orientação adequada, objetivos claros, monitoradas.

As características da questão analisada anteriormente, apenas uma pequena parte dos professores

(6,1%) respondeu que esses meios de comunicação são ruins para as crianças.

Os professores demonstram, pelas respostas, serem reconhecedores da qualidade dos meios de comunicação na recepção por parte dos adolescentes, colocando a escola de forma passiva diante desse fato. Algumas respostas levam a uma interpretação de comodismo diante dessa realidade. Os meios dominam o adolescente e a escola assiste tristemente a essa realidade.

Mas há uma "luz no fim do túnel": os adolescentes. A opinião deles sobre a *mídia* eletrônica apresentou-se mais diversificada que a dos professores, e de um modo menos definitivo. A citação espontânea de "ótima/boa" aparece em uma porcentagem bem menor do que a referida pelos professores (14,5%). Os adolescentes pontuaram com mais clareza a função social dos meios fazendo referências explícitas em relação à função de comunicação (3,5% responderam que a televisão e a Internet são bons meios de comunicação e 5,8% aproveitam a informação). Uma postura crítica em relação aos meios aparece de forma tímida (6,9%) nas respostas em que a influência é considerada boa e ruim. A visão dos adolescentes diante dos meios apresentou uma atitude de seriedade relacionando a informação dos meios, na maioria das respostas como ampliação de conhecimentos, (8,1%) e a relação com a diversão em apenas 7,5%.

Comparando-se as opiniões dos professores em relação ao motivo pelo quais os mesmos acreditam que os meios influenciam mais os adolescentes do que a escola observa-se uma associação com o tempo de disponibilidade para os meios pelos adolescentes e sua linguagem atrativa, prendendo mais a atenção. É importante observar que os dados fornecidos pelos adolescentes, sobre a utilização dos meios de comunicação, relaciona-se mais com a busca de conhecimento (ver tabela da págins 34) do que com o lazer. A relação feita pelos professores com o tempo e com a atração como responsáveis da influência na formação de opinião, para os adolescentes aparece como um interesse pelo conhecimento. A finalidade do uso desses meios de comunicação atribuída, pelos adolescentes, foi associada a "acompanhar os acontecimentos". A recepção dos adolescentes da informação mediática apresenta-se relacionada à função de comunicação social e de aprendizagem.

A credibilidade da escola parece abalada pela credibilidade do professor no que se refere a obter a atenção e a disponibilidade de tempo de seu aluno. As respostas mostram um professor desacreditado de sua função como formador de opinião (apenas 11,8% respondeu como sendo a atual função do professor), rendendo-se aos resultados obtidos pelos meios de comunicação.

Para os professores pesquisados, suas funções atualmente podem assumir uma posição que permita a recepção ativa do adolescente como: mediador (14%), orientador (16,1%), provocador (7,5%), e uma atuação que permite a recepção passiva como: o facilitador de integração social (7,5%), o transmissor de conhecimento (3,2%).

O adolescente ao fazer a recepção da informação mediática, não está encontrando um professor que articule, ou mesmo motive uma criticidade. A insegurança e derrotismo do professor reforçam a credibilidade aos meios detectados na pergunta feita aos adolescentes "a informação dos meios de comunicação deve ser utilizada nas aulas?" onde 96% deram respostas afirmativas, sendo que 47,6% respondeu que isso deve acontecer em todas as matérias. O adolescente acredita na informação mediática como um recurso para "tornar as aulas mais interessantes" (60,1%).

A diversidade da informação: diferentes formas para diferentes conteúdos

Vimos que os adolescentes estão rodeados por uma diversidade de informações que chegam a eles nas mais variadas formas contendo os mais variados conteúdos, contudo a escolha da melhor forma e do conteúdo não pertence aos adolescentes e sim aos adultos. Vimos anteriormente nesse livro que nem sempre a forma e o conteúdo têm como receptor inicial o adolescente, mas sim um adulto que as seleciona, interpreta-as de forma consciente e crítica ou não. A responsabilidade dos adultos torna-se muito grande quando nos referimos ao processo educativo.

A informação veiculada pelos meios de comunicação nos diferentes processos de comunicação de massa e educativa tem objetivos diferentes na mídia impressa e falada. A diferença de linguagem utilizada para a veiculação de um mesmo fato interfere na recepção do mesmo produzindo processos de comunicação diferenciados.

O profissional da comunicação constrói sua informação considerando a tentativa de torná-la necessária e atraente para o receptor e a escolha da forma e do conteúdo é feita para melhor atingir este objetivo. Não é difícil perceber essa premissa ao se confrontar a informação de um mesmo fato dado por um jornal diário na mídia impressa com a mídia eletrônica. Palavras e imagens são utilizadas de forma e com conteúdos diferenciados fazendo com que os receptores tenham representações diferenciadas quando tem acesso a apenas um veículo de comunicação, ou a ambos. A forma e o conteúdo da informação é explorado pelo profissional da mídia para garantir a comunicação de forma eficaz e eficiente.

A informação como "produto mediático" quando utilizada como material pedagógico necessita de um planejamento prévio enfocando sua forma e seu conteúdo de origem adaptada aos objetivos educativos propostos. Ao ser produzida, a informação mediática adquire a forma e o conteúdo específicos para atingir o receptor, considerando-se características pré-conhecidas dos mesmos, e quando essa recepção acontece, alguns objetivos são atingidos, outros não são controlados pelos profissionais, pois depende da *singularidade* de cada receptor.

A transformação da informação em aprendizagem, consequentemente em conhecimento, requer a interferência efetiva do professor e do aluno como receptores ativos, ora na forma, ora no conteúdo da informação. As diferentes linguagens utilizadas pela mídia recebem diferentes utilizações por parte do professor e do aluno.

"A opinião dos professores pesquisados em relação a objetivos da utilização da informação dos meios de comunicação no curso" aponta para as utilizações ligadas à forma com que a informação apresenta-se. É o caso de 39,8% dos professores consultados que utilizam-na como dinâmica de aula. A preocupação com a forma aparece também quando se pergunta: "como você utiliza essas informações" na qual 34,4% indicou como material didático, recursos audiovisuais, uso da língua estrangeira e análise de tipo de textos.[47] A interpretação por parte dos alunos não acontece apenas pela análise de forma do texto. Mesmo que o objetivo do professor seja o de fazer o aluno assimilar as características do texto informativo, a interpretação, ou a aprendizagem pode se dar apenas no conteúdo, ou seja, na informação receptada. Pode-se citar como exemplo, a utilização de um texto informativo abordando a evo-

---

[47] Pode-se ler mais sobre a necessidade de discussão dos meios em aula em BARROS, F. C. *Agenda-setting e educação* in *Comunicação e Educação*. São Paulo; Moderna, v. 5, pp. 27-33, 1996.

lução da AIDS (síndrome da imunodeficiência adquirida) no Brasil, no qual o adolescente assimila informações e as transforma em conhecimento, independente da assimilação das características da forma do texto informativo utilizado. Sem a interferência do professor, este exemplo pode acontecer, pois o conteúdo do texto, ou seja, a análise do discurso não foi indicada como um objetivo dos professores de língua portuguesa e estrangeira consultados.

A decisão tomada por parte dos professores a respeito dos objetivos e métodos a serem adotados indica o conteúdo da informação como ponto de partida da aprendizagem. Considerando-se como "conteúdo" os temas abordados na informação, bem como os fatos, os dados e as explicações pertinentes pelo elaborador da mesma, as respostas dos professores indicam duas ações diferenciadas na exploração desse conteúdo como material pedagógico. A primeira coloca o conteúdo da informação como conteúdos questionáveis permitindo: discussões, reflexões, debates para se construir o conhecimento (19,4% dos professores entrevistados assumem uma ação crítica perante os meios). Contudo 47,2% refletem objetivos e métodos que acreditam a uma recepção passiva perante os meios e comunicação. O conteúdo da informação nestes casos assume objetivos que indicam a aceitação da informação veiculada pelo professor, pois, em respostas abertas, 27,9%, o professor relaciona o cotidiano (o que se entende por realidade) ao conteúdo específico da aula, demonstrando a realidade como a mesma descrita nas informações trazidas pela mídia, promovendo uma visão reducionista da própria realidade. A atuação do professor deve ir além da permissão da entrada dos meios como material pedagógico, procurando uma reflexão dos mesmos para permitir ao adolescente uma recepção consciente da informação preparando-o para a construção de seu conhecimento.

Há uma grande utilização nas salas de aula da mídia impressa. Aproximadamente 30% desses professores utilizam-se das informações de forma crítica promovendo debates, interpretações, análise, questionamentos, reflexões, enquanto que 48,4% fazem a abordagem do conteúdo de forma não crítica, passiva, indicando pesquisas, levantamento de dados, fonte de informações, recorte e colagem, exemplificação de temas e relação do conteúdo à realidade.

Em relação à mídia eletrônica, o vídeo tem a preferência dos professores talvez pelo fato de que há uma produção significativa de vídeos didáticos que traz uma segurança maior aos professores em relação ao conteúdo (45,1% aceitam o conteúdo dos vídeos). Sempre que utilizada, a informação veiculada na mídia raramente é confrontada, por exemplo, uma notícia de um telejornal e de uma revista. A leitura e interpretação da imagem não foi apontada nas respostas abertas pelos professores como diferencial para alguns meios de comunicação; telejornais, Internet e vídeos.

Aparentemente de forma implícita, os adolescentes pesquisados foram além nas suas respostas indicando a associação da tecnologia e da linguagem dos meios como aprendizagem (19,8%), a associação da utilização dos meios com a comunicação com o mundo (31,2%) e a agilização da aprendizagem.

A introdução da informação dos meios de comunicação nos processos educativos tem como responsável em sua maioria o professor que planeja e tem a escolha do conteúdo e da metodologia dentre suas competências pedagógicas. Associada a esta competência não se pode esquecer da ética no que se refere à formação moral e intelectual dos seus adolescentes.

A ingenuidade na utilização dos meios por parte do professor compromete sua articulação para a formação crítica e consciente do adolescente. Visões de realidade e de mundo são intencionalmente informadas ou omitidas em cada material utilizado. Será que os agentes educativos estão cientes disto?

Ética: a essência da educação

A educação do adolescente do século XXI depende da postura ética dos responsáveis por ela: os educadores em geral. O ato de educar é considerado um ato de cidadania numa postura ética de formação do adolescente. Uma ação pedagógica regida por princípios éticos ultrapassa as questões do âmbito escolar. Nenhum outro profissional expõe em suas ações as questões de crença, de ética e de cidadania como os professores. Essa complexidade coloca as posturas éticas do professor como questão essencial para uma educação autônoma e crítica, numa ação política educacional.

A ação do professor como educador não se restringe aos minutos reservados para a sala de aula. O professor carrega consigo seus valores, suas crenças, sua visão de mundo e, para que uma postura ética diante da educação aconteça, deve haver coerência entre sua vida pessoal e sua ação profissional.

Diferentemente dos adolescentes que dependem da escola ou dos seus responsáveis para terem acesso aos meios de comunicação, o professor pode decidir qual meio de comunicação será utilizado nos cursos. Porém é comum ouvirmos professores criticarem a mídia como uma interferência negativa na educação dos mesmos demonstrando uma incoerência na posição do professor em relação a influência dos meios na formação de opinião dos adolescentes, pois recorrem à mídia para um melhor convívio. Por esse motivo, a pesquisa preocupou-se com a utilização dos meios de comunicação não apenas no âmbito escolar como também na vida pessoal dos professores e seus alunos.

Há uma grande valorização em relação aos meios de comunicação tanto pessoal quanto como profissionalmente pelo professor[48] associada a influência no modo de pensar dos adolescentes, visto que, como adultos, possuem o poder de decisão da escolha da recepção dos meios. Será que temos uma incoerência na posição do professor em relação à influência dos meios na formação de opinião dos adolescentes perante a escola, pois também eles, professores, recorrem à *mídia* para um melhor convívio social?[49]

---

[48] Uma grande maioria dos professores (74,2%), em pergunta de múltipla escolha, associa a utilização dos meios à atualização necessária à profissão e ao convívio social

[49] Importante ressaltar que a formação acadêmica dos professores pesquisados (graduação e pós-graduação) origina-se de diferentes

Considerando-se os princípios éticos de coerência, a crítica aos meios como grande formador de opinião dos adolescentes também acontece em relação ao cidadão-professor.[50] Uma posição crítica de intervenção, incisiva na intermediação da informação mediática pode levar a um resgate da credibilidade do professor pela escola.[51] A visão que ele apresenta em relação a sua função nas instituições de ensino reforça essa análise. Uma pequena parte dos professores (11,8%) cita declaradamente a função de "formadores de opinião" como a função do professor. A função de mediador e orientador no processo educativo aparece de forma significativa (30,1%) demonstrando que há uma percepção crítica do professor, e das transformações de sua função, conseqüência das mudanças sociais, pois uma pequena porcentagem (3,2%) das respostas foi associada a uma função de "transmissor do conhecimento".[52] A transformação de uma ação ingênua diante dos meios de comunicação em uma criticidade atuante apresenta

---

linhas pedagógicas, A visão da mídia apresenta, portanto, uma relação direta com essa formação e com o período de experiência de docência (505 entre 20 a 30 anos de magistério).

[50] Sobre os princípios éticos do professor, ler REBOUL, O. *Filosofia da Educação*. São Paulo: Melhoramentos, 1974.

[51] Sobre a qualidade do jornalismo, ler KARAM, F. J. C. *Qualidade de ensino e cinismo ético no jornalismo*. In: *Comunicação e Educação*. São Paulo: Moderna, v. 6, pp. 29-34,1996.

[52] Sobre o professor e sua prática docente ler GADOTTI, M. *Comunicação docente: ensaio de caracterização da relação educadora*. São Paulo: Loyola, 1975.

aqui condições favoráveis a partir do dado de uma ação intermediadora e consciente do professor, perante uma recepção ativa e crítica do adolescente.

A visão do adolescente reflete a ação do professor. Enquanto professores assistem passivamente à recepção do aluno pela *mídia* sem uma intervenção consciente, a maioria dos adolescentes associa a utilização da mesma, em sua vida pessoal para a "obtenção de novos conhecimentos" (82,1%). Porém, esse conhecimento não está associado apenas à realização de trabalhos escolares. O significado atribuído pelos adolescentes à palavra "conhecimento" deixa dúvidas, pois quando as questões mencionam claramente a *mídia* ou a *informação mediática*, muitas respostas associam estes itens ao processo da comunicação bem mais do que ao processo educativo formal, como citado anteriormente. Essa foi a opinião dos adolescentes sobre a importância da informação mediática em suas vidas pessoais, pois a associação aos processos comunicativos destaca-se em grande parte das respostas (49,1%). Uma pequena parcela (1,7%) associou à formação de opinião e ao entretenimento (2,3%).

O acesso às tecnologias da comunicação apresenta-se de forma avassaladora na vida de professores e adolescentes, portanto é inevitável que se tenha uma formação sistematizada para uma prática docente efetiva diante dos meios de comunicação, permitindo a co-participação de professores e adolescentes no processo de ensino-aprendizagem, na busca de uma postura ética diante da sociedade.

Adultos críticos,
adolescentes críticos

Será que já temos informações suficientes para responder a nossa pergunta inicial? Será que a maior diferença entre os adolescentes do início do século XX para o início do século XXI é justamente o volume de informação que os mesmos recebem diariamente? Ou será a presença física das tecnologias dos meios de comunicação que nos dias de hoje apresenta-se grande, tanto em relação à mídia eletrônica (televisão, videogravador e Internet) (quanto à mídia impressa jornais e revistas) favorecendo a escolha pela informação de forma constante.

Com certeza a evolução tecnológica é uma diferença significativa se compararmos estes dois momentos históricos, visto que a segunda metade do século XX presenciou um aumento na velocidade das traduções tecnológicas inseridas no cotidiano do cidadão comum.

Fico imaginando reação do homem que acordou em pleno ano 2003, após 19 anos de um *estado de coma*. Pelas informações divulgadas pela mídia seu maior desejo é o de compartilhar a rotina de sua filha, a qual não viu crescer. Qual foi a sua reação ao encontrar sua filha conectada ao mundo pela rede Internet. Quem educará quem em relação às tecnologias da comunicação: pai ou filha?

A educação dos adolescentes sempre esteve na responsabilidade de adultos que tem maior conhecimento e experiência da história de vida de nosso planeta. Em relação às evoluções tecnológicas dos últimos 50 anos estamos presenciando uma situação inédita: adultos, adolescentes e crianças estão se educando simultaneamente em relação à convivência com computadores de última geração, telefones celulares, jogos eletrônicos e outras mais.

Aparelhos de TV, videogravadores, computadores, jornais e revistas estão presentes nas maiorias dos lares e das escolas dos adolescentes. Essa exposição acentuada aos meios de comunicação participa do cotidiano dos adolescentes, diante dos olhos dos adultos, que precisam participar de forma consciente na educação dos mesmos para que estes se tornem cidadãos preparados para novas tecnologias que estão por vir.

A fase da adolescência lembra descoberta.

A ampliação do convívio social da família e da escola para novos grupos sociais aumenta a curiosidade, as revelações, a formação de opinião sobre assuntos que antes só interessavam aos adultos Todas estas novidades provavelmente também estavam presentes na vida dos adolescentes do século passado, talvez a diferença não esteja no QUÊ, mas sim no COMO estes vivem esta fase.

> *"Uma informação veiculada num jornal de São Paulo com o título"* Vizinho online *"chamou minha atenção, com a seguinte notícia":* Meninos *de um condomínio de São Paulo brincam com jogos em rede sem precisar sair de casa. Veja também como outras crianças criam blogs, animações e games.*

(Suplemento Folhinha, Folha de São Paulo do dia 12 de julho de 2003)

A notícia acima citada relata o fato de que um grupo de amigos criou uma rede de jogos no condomínio em que moram interligando seus computadores. Ao lê-la tem-se a sensação de que estes meninos estão vivendo uns tempos sem limites para colocarem em prática suas idéias, mantendo a convivência social.

Esta façanha, porém, não seria possível sem a intervenção de um adulto. Conta a reportagem que um morador adquiriu uma conexão de alta velocidade e instalou um sistema de rede entre os apartamentos permitindo que os adolescentes joguem em rede sem sair de suas casas. Não foram os adolescentes os responsáveis pelo acesso à tecnologia, e sim um adulto. Como os adultos que convivem com estes adolescentes interferem neste novo modo de diversão em busca de uma educação crítica?

Não são só os adolescentes que vivem uma realidade diferente, os adultos também. Os adultos têm uma tarefa mais árdua, pois ao mesmo tempo em que vivenciam a grande evolução tecnológica precisam intervir na educação dos adolescentes no que se refere à recepção crítica da mídia.

Como fazer isto visto que a tendência atual é que esta exposição se torne cada vez maior e de mais fácil acesso? Uma das necessidades maiores está em desenvolver uma recepção crítica das diversas fontes de informação disponíveis contrapondo-as à informação de um único meio de comunicação como a representação da realidade, sem confrontá-lo.

Com a comparação de fontes de um outro tipo de veículo (diferentes jornais, por exemplo) e com diferentes tecnologias e linguagens utilizadas (uma mesma notícia veiculada na mídia impressa e eletrônica) permite uma recepção reducionista e não crítica da realidade.

Vimos anteriormente que a informação dos meios de comunicação está sendo usada nas escolas como complemento de material pedagógico, como jornais, revistas, telejornais, vídeos e Internet. Esta utilização deve ter objetivos de refletir sobre os dados das informações como a forma com que a mesma está sendo divulgada. É necessário que os professores se utilizem não só dos meios de comunicação de sua preferência pessoal, mas todos aqueles aos quais seus alunos têm acesso, ou possam vir a ter a fim de ajudá-los a uma interpretação crítica intervindo na formação da opinião do adolescente sobre a sociedade em que vive. Essa atuação por parte dos professores acentua a imposição de temas pela mídia (*agenda-setting*), permitindo que os meios de comunicação selecionem um ou imponham temas de discussão, o que pode causar a exclusão de temas relevantes para a formação crítica de seu aluno. Objetivos da utilização dos meios de comunicação que relacionam as características da informação ou da tecnologia que a veicula, desassociada do seu conteúdo, ou temas que esta introduz no processo educativo coloca a escola numa posição passiva diante dos meios de comunicação.

É importante que os adolescentes tenham capacidade para interpretar a realidade apresentada nos meios de comunicação, utilizando-se da linguagem não-verbal, como fotografias, imagens televisivas e/ou computadorizadas, e que esta habilidade seja desenvolvida nas escolas, como sendo um recurso diferencial entre mídia impressa e eletrônica nos processos educativos, explorando, limitando as mesmas como recursos didáticos para uma re-interpretação da realidade, permitindo uma recepção ativa por parte do adolescente. Os adolescentes de hoje já associam a utilização dos meios de comunicação em sala de aula à linguagem que estes introduzem, tornando a aula mais interessante, auxiliando, portanto, na aprendizagem.

Interesse e aprendizagem já são explorados pelos adolescentes na utilização dos meios de comunicação de uma forma incisiva, em determinados assuntos, colocam o interesse pela mídia como fator que interfere de forma negativa no processo ensino - aprendizagem formal, porém, decisivo na aprendizagem informal (fora da sala de aula).

A formação de um receptor crítico dos meios de comunicação necessita de um processo de ensino-aprendizagem que permita o desenvolvimento dessa criticidade.

Há uma necessidade de formação pessoal efetiva do professor, como um educador do século XXI, para essa recepção, e principalmente para uma intervenção pedagógica consciente das relações: realidade! Meios de comunicação e forma-conteúdo! Imposição de temas na utilização da informação dos meios de comunicação como um material pedagógico adequado.

Professores e adolescentes estão aprendendo a interpretar este grande volume de informação e ambos apresentam opiniões próprias. Para a maioria dos professores e adolescentes os meios de comunicação influenciam na formação de opinião do adolescente, quando comparado com a ação da escola. Os motivos citados por ambos pontuam "pseudovantagens" como tempo disponível para os meios e linguagem mais próximos do adolescente. O tempo disponível para a escola e para os meios de comunicação aparece de forma contraditória quando comparados os dados referentes à presença dessas tecnologias em ambientes específicos dentro das escolas – o que poderia favorecer ainda mais os meios de comunicação, nessa influência marcante, caso esse motivo fosse determinante. Considerando-se as recentes alterações nas leis educacionais, relativas ao aumento do tempo que os adolescentes passam nas escolas, e o tempo que eles se utilizam das tecnologias dos meios de comunicação, há uma disponibilidade diária maior para a escola do que para os meios de comunicação.

A linguagem utilizada pelos meios de comunicação é apontada como vantagem a favor dos meios, quando relacionada à utilização de uma linguagem mais interessante, atrativa e que atinge mais rapidamente os adolescentes. Sabemos que ela é utilizada tanto nos processos de comunicação, como nos de educação e assume uma importância primordial. Será que os meios de comunicação utilizam-se dela, de uma forma bem mais eficiente e eficaz do que a escola o faz? A utilização da linguagem não-verbal e verbal é explorada pela mídia produzindo resultados satisfatórios para os adolescentes, no que se refere ao processo de comunicação.

Acompanhar os acontecimentos, obter (informações atuais) e, também quando, os adolescentes, espontaneamente, definem objetivos educativos (adquirir novos conhecimentos, aprender mais) para a utilização da mesma. Os adolescentes de hoje, associam menos a utilização da informação dos meios de comunicação ou das tecnologias para a diversão ou o lazer e mais em processos espontâneos de aprendizagem. Faço estas afirmações baseadas nos dados conseguidas pela pesquisa citada neste livro.

Utilizar-se de linguagens compreensivas para o adolescente explorando recursos audiovisuais para tornar as aulas mais interessantes (opinião de professores e adolescentes) pode favorecer a aprendizagem significativa, com objetivos, que buscam a uma formação crítica e atuante tendo como ponto de partida o interesse do adolescente Se esse interesse está sendo afetado pela linguagem (metade dos alunos consideraram que todos componentes curriculares deveriam usar a informação dos meios de comunicação em aula) é necessário que o professor procure a utilização de linguagens acessíveis ao jovem de hoje, principalmente no que se referir ao uso da imagem como linguagem não-verbal.

É preocupante a opinião divergente quanto ao uso dos meios de comunicação, pois eles o utilizam com um aspecto positivo quando se refere à formação pessoal e profissional e de forma negativa quando se refere a utilização por parte do aluno. Ao opinarem sobre a utilização desses meios pelos adolescentes, fizeram críticas negativas, mas concordaram com a grande influência dos meios, e apontam claramente vantagens em prol dos mesmos.

Essas contradições por parte dos professores interferem na credibilidade dos adolescentes, diante da mídia e da escola. As argumentações dos professores demonstram um "desânimo" dos mesmos em relação a invasão da mídia na vida cotidiana de todos. Há um discurso contra o "poder da mídia", mas, ao mesmo tempo os dados revelam um uso sistemático deles.

Essa visão contraditória interfere na opinião dos adolescentes quando coloca a mídia como grande influenciadora da opinião do adolescente, porém, os adolescentes acreditam mais na escola do que seus próprios professores. Na sua utilização pessoal, os adolescentes conseguem diferenciar a função de comunicação dos meios com a função de educar da escola.

Os adolescentes demonstram que podem ser críticos quanto à receptividade da mídia, mas precisam desenvolver bem mais essa criticidade. A intermediação do professor, para isso torna-se indispensável também em uma visão crítica de mundo.

Os professores necessitam incluir na sua formação permanentes estudos que fundamentem sua intervenção, tanto pessoal quanto profissional, no que se refere aos meios de comunicação, bem como tornar-se um professor investigativo às mudanças sociais que interferem no desenvolvimento intelectual, cognitivo, emocional e afetivo dos adolescentes.

Os adolescentes têm capacidade de assimilar as novas tecnologias da comunicação de forma mais ágil do que os adultos, inserindo-as e adaptando-as às suas necessidades imediatamente.

Os adultos precisam se tornar adolescentes, mas não apenas na forma de se vestir, ou tentando ter o corpo deles. Poderiam imitá-los na forma simples e aberta com que explora todas as novas tecnologias da comunicação e como aprenderam a procurar a informação nas mais variadas linguagens.

Como um bom exemplo de situações pós- moderna, as descobertas da adolescência convivem com a experiência de vida dos adultos numa troca de posições quando nos referimos aos meios de comunicação, quando os adultos estão fazendo novas descobertas e os adolescentes já tendo mais experiências nestas tecnologias.

Os adolescentes de hoje vivem bem diferente dos adolescentes do passado, época em que nem se usava muito este termo. São alegres, espaçosos, barulhentos, mas também antenados, informados, críticos e que se tornarão adultos em breve e quem sabe estarão se perguntando?

Qual será a maior diferença do adolescente do ano 2050 para o adolescente dos anos 2000?

A resposta para esta pergunta eu deixo para vocês adolescentes de todas as idades de 2008.

Sugestões de leituras para aprofundar os assuntos abordados

AUGÉ, M. *Não-lugares – introdução a uma antropologia da supermodernidade.* Campinas; Papirus, 1994.

BALL-ROKEACH, S.; DEFLEUR, M. *Teorias da Comunicação de Massa.* Rio de Janeiro: Jorge Zahar Editor, 1993.

BARROS FILHO, C. *Ética na Comunicação: da informação ao receptor.* São Paulo: Moderna, 1995. Agenda-seting e educação. In: Comunicação e Educação. São Paulo: Moderna, v. 5, pp. 27-33, 1996.

BARTOLOZZI, P. L. *El ecosistema informativo.* Pamplona: Eunsa, 1974.

BELSON, W. A. *The impact of television*. London: Crosby Lockwood, 1967.

BROSIUS, H. B. ,& KLEPPLINGER, H. M. *The agenda -setting fuction* of *television news: static and dynamic views*. Communication Reseoarch, 17, 183-211,1976.

CLARKE, P. & KLINE, G. Media effects reconsidered: some new strategies for communication research. *Communication Research*, v. 1. 1974.

EINSTEIN, A. *Como vejo o mundo*. Rio de Janeiro: Nova Fronteira, 1981.

FOERSTER, H. *Visão e conhecimento: disfunções de segunda ordem*. In: Schnitman, D.F. (org). Novos paradigmas, cultura e subjetividade. Porto Alegre: Artes Médicas, 1996.

FREIRE, P. *Educação e mudança*. Rio de Janeiro: Paz e Terra, 1979.

GADOTTI, M. *Comunicação docente: ensaio de caracterização da relação educadora*. São Paulo: Loyola, 1975.

HOBSBAWM, E. J. *Era dos Extremos – O breve século* XX 1914-1991. São Paulo: Companhia das Letras, 1994.

INGRAM, D. *Habermas e a dialética da razão*. Brasília: Editora UnB, 1994.

KAOLAN, E. A. (Org.). *O mal-estar no pós-moderno – teorias e práticas*. Rio de Janeiro: Zahar, 1993.

KARAM, F. J. C. *Qualidade de ensino e cinismo ético no jornalismo*. In: *Comunicação e Educação*. São Paulo: Moderna, v. 6, pp. 29-34,1996.